APRENDIJUEGOS

nivel 4 y 5 años

Para aprender y divertirse en casa y en el aula

RECOMENDACIONES PRÁCTICAS

Los iconos marcados en las actividades señalan dos vertientes:

1- El tema o materia a la que la actividad se refiere. Es entonces así como identificamos en cada página del libro tareas referidas a Ciencias, Lengua y Matemática.

CIENCIAS NATURALES

CIENCIAS SOCIALES

LENGUA

MATEMÁTICA

2- La modalidad de trabajo del padre de familia con el niño. Por ejemplo, aquellas actividades en las que se invita a ambos a jugar o aquellas que le permiten al niño integrar varios temas.

ACTIVIDADES CON JUEGOS

ACTIVIDADES INTEGRADAS

REFERENCIAS

Para conversar

Para escribir

Actividad grupal

Para fotocopiar

Para dibujar

Para leer

Para pensar

Para pintar

Para pegar

Para recortar

VAMOS A LA ESCUELA

¿Qué hago antes de ir a la escuela?

Marca con una X las acciones que realizas antes de ir a la escuela. Si falta alguna, dibújala.

EXPLORANDO CAMINOS

Recorrido sobre el plano.

Rodrigo y su mamá están listos para ir a la escuela.

 Con una línea señala un camino por el que puedan ir.

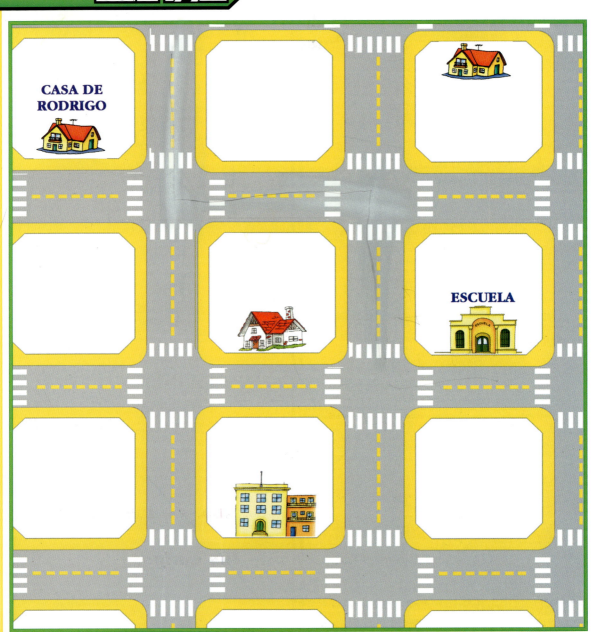

FORMANDO FILA

MATEMÁTICA

Ordeno la serie.

Este año, Rodrigo y sus amigos se encuentran en la clase de cinco años. Para saludarse en el patio, la maestra les pidió que hicieran una fila del más bajo al más alto. Pero uno de los niños se ubicó en otro lugar.

Marca con una X quién no debe ir donde está. Traza una línea hasta donde debería ir.

☐ ☐ ☐ ☐ ☐ ☐

Rodrigo es el cuarto en la fila, es uno de los más altos.

¿Y tú? Prueba hacer una fila con tus amigos...

¿Qué lugar ocupa cada uno?

AGRUPAMOS CARTELES

Busca los textos.

Para darles la bienvenida, la maestra le ha hecho a cada uno un cartel con su nombre. En un paño juegan a ordenarlos de distintos modos.

 Observa, piensa y explica por qué los agruparon así.

RODRIGO ALEJANDRO MARIANO JOSÉ RAMIRO JORGE RAÚL ESTEBAN	MANUELA PATRICIA LUCRECIA ANA JULIETA DANIELA FLOR LUZ

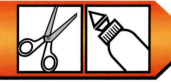 Ahora tú. Recorta los carteles y coloca de un lado los nombres largos, y del otro los cortos.

CAROLINA   MANUELA

RODRIGO

JUAN   PABLO

6

AGENDA TELEFÓNICA

¿Para qué sirven los números?

Completa esta agenda con el nombre y el número telefónico de tus amigos.

NOMBRE	TELÉFONO

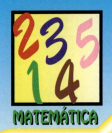

LOS TRENES DE RODRIGO

Mayor... menor...

A Rodrigo le encantan los trenes. Tiene varias vías, y ubica en cada una trenes que hace de cuenta que van a lugares distintos. El tren que va hacia la estación es más corto que el que sale de ella.

 **Dibuja a cada uno sus vagones. ¿Cuál tendrá más vagones?**

 Dibuja lo que imaginas que puede llevar cada vagón.

JUGAMOS A SER PIRATAS

MATEMÁTICA

Averiguo cuántos hay.

Anota en los casilleros cuántos elementos que utilizan los piratas hay en cada caso.

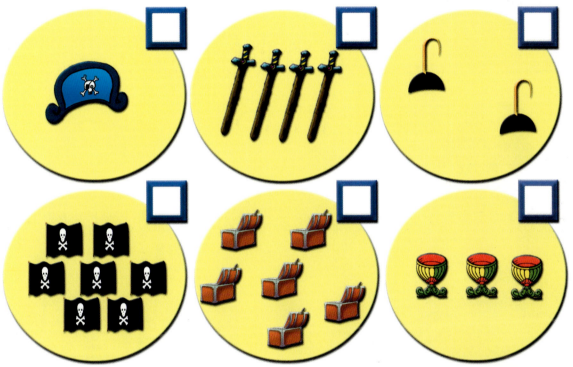

En este espacio, dibuja y pinta al pirata que usa todos los elementos anteriores.

LENGUA

LA SORPRESA

Armando palabras.

Los papás prepararon una sorpresa. Les imprimieron camisetas con el nombre del aula. Pero a algunas se les salieron las letras.

Completa con las letras que faltan para que en todas diga "PIRATA".

NOMBRE Y APELLIDO

LENGUA

Yo me llamo...

Los niños ya escriben sin problemas sus nombres, y la maestra les propuso escribirlos completos: nombre y apellido. Para ello hizo unos carteles nuevos. Seguramente has visto tu apellido escrito en otros lados. Búscalo e inténtalo tú también...

Escribe aquí tu nombre y tu apellido.

Dibuja a tu familia y escribe su apellido.

Esta es la familia _____

LOS DÍAS DE LA SEMANA

Yo voy a la escuela los días...

 Observa estos carteles con los días de la semana.

LUNES **MARTES**

MIÉRCOLES **JUEVES**

VIERNES **SÁBADO**

DOMINGO

 Señala como te parezca los días que vas a la escuela, y responde.

¿Cuántos son todos los días de la semana?

¿Cuántos son los días que vas a la escuela?

¿Cuántos días te quedaron sin marcar?

EMPIEZAN IGUAL

LENGUA

Suenan igual.

Une el día de la semana con el dibujo cuyo nombre suene igual, y escríbelo como puedas.

LUNES

MARTES

JUEVES

SÁBADO

DOMINGO

Puedes pensar otras palabras que comiencen como cada día de la semana.

NATURALES

PRONÓSTICO DE LLUVIA

¿Lloverá o no lloverá?

Rodrigo comenta a sus amigos que, ayer, a su abuelo, a causa de la lluvia, se le mojó su sombrero y se le arruinó. Hoy, escuchó en la radio que durante el día habrá bastante lluvia.
Ellos miran por la ventana cómo está el día.

 Marca como quieras la ventana que corresponde al pronóstico que escuchó Rodrigo.

 Une cada ventana con el código gráfico que corresponde a ese estado del tiempo.

EL ESTADO DEL TIEMPO

NATURALES

El estado del tiempo en la semana.

Registra con dibujos el estado del tiempo de cada día.

	SOL	NUBES	LLUVIA	VIENTO
LUNES				
MARTES				
MIÉRCOLES				
JUEVES				
VIERNES				
SÁBADO				
DOMINGO				

Al finalizar la semana...

¿Cuántos días de hubo?

¿Cuántos días con hubo?

¿Cuántos días de hubo?

¿Cuántos días con hubo?

¿Necesitas algún otro código? ¿Por qué?

SOCIALES

LA TELEVISIÓN

Me comunico a través de la tele.

La televisión ha cambiado en los últimos años hasta ser como tú la conoces hoy. Antes la imagen era en blanco y negro, en cambio hoy se puede ver en colores. ¿Quieres hacer la prueba...?

Pinta una de las imágenes con lápiz negro, más suave o más fuerte, y la otra con colores.